JN438358

그리움은 홀로 익는다

그리움은 홀로 익는다

高何 김광선 시집

도서출판 천우

● 시인의 말

그리움은 홀로 익는다

삶은 산다는 의미를 가질 뿐
달거나 쓰지도, 맵거나 시다는 의미가 없습니다.
어떤 삶이든
오롯이 한 글자로만 받아들입니다.
결국 삶은 그 자체로 소중하고 사랑스럽습니다.
자서전에 담듯 마음을 싣습니다.
모두가 아름답고 따뜻했습니다.
같이 걸어온 모든 분께 감사드립니다.

2019년 가을 교정 뜨락에서

제1부

새

제2부

모두가 스승이다

제3부

가을의 춤

제4부

아버지의 길

제1부

새

새

서산만 낙조에 뜨고
정동진에서 해를 맞는 새가
가벼워 그냥 떠다니는 줄 아느냐
주문진 시장 바닥
플라스틱 함지박에서 눈물 쭉쭉 뿜어대는
오징어를 달래어 물어보면 알 것이다
솟대를 떠나 날아간 새가
서산의 지는 해를 토해내었고
거친 동해의 물결 삼키고 용오름으로 솟아
정동진 붉은 해를
푸른 물로 맑게 씻어준다는 사실을
가끔은 흰 구름을 타고 내려와
땅 위에 그림자를 실어서 가고
산 중턱에서 생각에 잠겨 머문다는 것을

사랑방 풍경

벽으로 가득한 나무 궤짝 속에
겨우내 쌓여 있던 고구마 향이
구멍 난 망태 틈새로 새어 나온다

불춤 추는 화로에
한 시절 아련했던 단막극을 열고
재로 익은 고구마의 뜨거움을
훌훌 불어 삼킨다

풀 먹은 창호지에 부딪히는
다듬이질 소리에
그리움은 홀로 익는다

느티나무

돗나물 누운 밭두렁에 걸음을 세우고
민들레의 벗이었던 그대
길 없는 밤 검정 장대로
취한 홀아비 길을 잡고
더운 여름 떼쓰는 매미에게
너른 가슴을 내어주던 그대
아침에 소 매일 때
이슬 재운 잎을 흔들며
떼 나비로 날아 바람이 된 그대

재개발 지역에서

이슬과 태양이 숨어 사는 곳이니
슬플 만큼은 웃지 말아 주시오
밤새도록 쫓기다가 새벽녘에 태양을 만나
뜨거운 이슬 되어 사는 중이오
광주리에 달을 담아 지붕에 얹고
어깨엔 별 무리 달고 살고는 있소만
아플 만큼은 떠들지 말아 주오
꽃구름 빛 사이로 아침 태어났다오
그런 삶이라도 보시려거든
세 식구 가끔씩 웃는
언덕보다 낮은 곳을 찾아주시오
어린 부엉이 눈을 재산인 양 품고서
바람으로 세수하며 우리가 사오

시를 짓는 밤

선이 진하도록 접은 종이새를
꿈마다 꽃으로 불러 똥을 누이고
옷 주름에 걸린 달빛 몇 줄
남폿불 걸던 못에 매어 놓으면
두근대는 천 송이 꽃들이
달빛으로 모여들다
장독대를 밝히는 할머니의 정안수에
예쁜 새 하나 날아가 앉다

산을 오르는 이유

산을 오른다
땀 쥐고 힘으로 서서
하늘 낳으러 헉헉 오른다
난봉꾼 봉우리며 뾰족바위 모가지를 베어 버리고
상처 난 계곡을 뚝뚝 끊어 내면서
새가 된 천년 주목을 만나러 올라간다
산허리를 휘감는 철길과 열차도
공중제비 어지럽던 비행기 떼도
바람 모아 잔별로 사루어 내면서
야생화 식구가 되어 떠나 가버린
구름을 한 번 만나러 오른다

봄

봄은
목화꽃 파도를 기다리며
외우는 주문

간절한 빗소리로
겨울을 막고
꽃과 새싹들이 기대고 있는
흙내 나는 지킴이

마침내 봄은
떨리는 낙엽의 향기까지 달래주는
우리들 어머니

진달래

절벽 속에서 꽃으로 터져 나오다
바람이 불 때마다 분홍 저고리 흔들며
외로움 감추는 숨소리로 생을 알리지만
젊음이 다하고 푸른 목청 여밀 때까지
하늘을 향한 채 머물러 있다
다가서지 못하고 쳐다만 보는 사이
패인 곳으로 흐르는 꽃빛만
부서져 떨어지다
깎아지른 바위산에
고운 진달래 살다

비무장지대의 밤

갈대숲 가르는 소리가
적의 발자국으로 믿었으므로
계곡의 가슴에 검고 굵은 소총을
한 다발이나 쏘았다
노루들이 오가는 길 사이로
같은 색깔의 총알들이 날아간다

암노루는 북으로 뛰고
수노루는 총알을 피해 남으로 뛰어갔다
그들이 언제 만날 것인가는
숨어 지켜본 지뢰도 알지 못한다
마주 보며 키가 큰 갈대 자리에
장대비만 밤새도록 내릴 뿐이다

행군

밤 새 걸어온 병사가
새벽이 남아있는 벽제 언덕을 넘었다
휴식하던 철모가 길 위에 길이 없어
제비꽃 어깨를 딛고 선 도봉산과
안 보일 때까지 흔드는 관악산의 손끝을
임진강 물안개에 저어 보내고
등에 잠든 군장(軍葬)을 깨워
새벽 지우는 길을
찾아 나선다

야경

죽을힘을 다해 해가 질 때까지
강철 크레인 난간에서 떨던 어두움
꽃불 무리로 떨어져
서울이 되다
어둠으로 태어나지 않기 위하여
별들도 내려와 뜀박질하는
이런 곳이 또 어디 있으랴

신발 찬가

그에게 업혀 다닐 수 있을 때
사랑한다 말 하시오
등이 닳을 때까지
그대를 업고 다녀도
눈 한 번 흘기는 걸 못 보았소
그의 휘어진 등을 향해
고맙다고 큰소리로 외쳐 주시오
마음 전하기 쑥스럽거든
아침과 저녁에 한 번씩만
환한 웃음 한 조각 보내주시오

밤새 읽은 섬진강

섬진강 물빛이 어른거리기에
강을 품에 안고 집으로 왔지요

깊어 머문 소용돌이 안으로 돌고
애타는 지리산을 접어 둘 무렵
누군가 한숨 되감는 소리에 놀라
잠을 이루지 못하였지요

그리움으로 기다리던 불꽃 같은 열매
농약 어우러진 밭에서 익고
경상도 전라도 나누지 않는 물이랑이
봄갈이하는 흙 고랑들과 이야기할 때
산앵두 안고 걷는 섬진강 길에도
해가 떴어요

외눈박이 새

공원에 주저앉은 외눈박이 새
세상 아이들에게 둘러싸여 있다
숲으로 데려다주려고
두 손으로 안아 올려
놀라지 마라, 놀라지 마라, 달래주다가
새의 외눈 속에 사는
양떼구름을 보고
새를 그만 놓칠 뻔하였다

무당

꽃이 싫어서
누구 하나 크게 불러주지 않아서
꽃잎 하나 들고 뛰쳐나간 들판에서
향기 없는 들풀 노래로 연명을 하고
꽃잎은 바람에 갈라져 부서졌다

꽃을 사랑하지 않으면 아파오기에
혼자만의 꽃을 낳아 접신이 되고
비탈진 움막에서 꽃춤을 추었다

동백꽃잎을 딛고 선 어느 날
동박새 눈으로 들어가 앉아
먼 바다만 종일토록 바라보았다

강물

아무것도 묻지 않고
끊임없이 묻는 그대

갈댓잎을 씻어주고
하늘을 안아주면서
돌아보지도 기다리지도 않고
오늘의 만남으로만 흘러가는 그대

허공으로 이어진 바람의 힘으로
걸어가는 그대

진호 양궁장

다 비우고 들어가라고
비워야 맞출 수 있다고
나들목 항아리들 기도하는
활춤의 나라

활은 말한다
한 과녁이어야 한다
꼿꼿이 날아가 박혀야 한다
황금 잔디 위 둥근 표적이
우리가 갈 곳이니
모두들 나와 그곳으로 가라

너른 잔디는 등을 내어주고
소나무들 호위하니
금빛 평원과 한천 바람들아
활의 호흡을 전하라

백성의 손끝과 눈빛의 명(命)이니
활이여 날아가
큰 땅에서 호령하라

겨울나무

당신의 노랫소리는
굴참나무 허리에 아리게 새겨져
지워지지 않습니다
당신의 춤은 뼈마디가 다 드러나지만
진실하여 오래 남습니다
때로는 조금 외로워 보이나
봄을 낳는 어머니임을 세상은 다 압니다
굳은 지조를 숨길 수 없는 줄도
겨울잠 자는 개구리는
벌써 알고 있습니다

메주

같이 살아야 제맛이 난다고
온돌방 벽에서 곰팡내 풀풀 내며
볏짚을 쥐고 수다를 떠는 메주가
여럿이 모여 갈라지고 썩으면서
겨울을 나다

숯으로 옷고름 매고
붉은 고추 댕기 살짝 얹고서
웃음 가득한 장독대로 시집을 온 뒤
간장 서방과 새끼 금줄을 치고
햇빛과 바람과 한편이 되는
된장을 잉태하다

못생겨도 씩씩하던 지난날을 으깨어
살결 보드라운 햇된장을 얻고
둘째 토장, 셋째 막장, 넷째 즙장도 쑥쑥 키워내다
세상이 허허로워 늦둥이를 낳았는데
이름이, 막된장

여동생

세 오라비 뒤를 이은 먹개 동생 나의 누이
속없이 화장만 하다 거울도 마흔 되다
열두 번 선 보고 손 젓고 말문 닫고
키 큰 피마자
무심한 달빛의 강

시집 안 간다는 말 언제 했냐고
땅으로 운 천둥소리 가을보다 깊다
속내도 철이 지나 이제는 산속이다

얹은머리 고통이면 허무보다 무겁다고
쌀 없는 독이면 뒤웅박만 못하다고
서리로 부르는 오빠 소리가
꽃 무리로 모였다가 흩어져 간다

서푼짜리 알을 깨고 날개로 서라 해도
무너져도 허무이니 무서울 게 없다 해도
긴 목 숙여 우는 나의 누이야

슬픔이 얹히면 하나로 되고말고
기쁨이 둘이면 하나는 고통이니
아무려면 어때

앓아본들 어때
한지처럼 맑게 웃고
봄 언덕 새처럼 여울여울 날아다오
나의 누이야

봉천동의 노래

흑석동에서 상도동을 넘는 언덕에 서면
설핏 들리는 봉천동의 노래
달동네와 친구 되기 싫어 떠난 이들
청룡 마을과 흐리목에서 장승이 되었고
박재궁과 난곡이 올려다보는
관악산 빈 바위에 주저앉은 물결도
승기네 포도밭 쪽으로 흘러갔다고
까치고개에 머문 구름에서
빡빡머리 두어 명 내려와
옛 노래를 전한다

관악산의 봄

바람 그친 관악산에 진달래 무리
너울대는 꽃으로 너럭바위를 태우고도
철판에 구멍 낸 안경다리를 밟던
소귀에 등에가 자꾸 생각나
봄비가 시작되자
엉엉 소리를 낸다

김윤삼 아저씨께

호롱불 심지 끝이
해 진 뒤로 무너진 창문
그 속에 겨자씨가 되어 숨었습니다.
자벌레로 주저앉아 형님 무릎 맞대고 운
어린 설움 추운 날에
이불만 등으로 기어 다녔습니다

고모님 품에서 비운 소주병에
원망 담아 버린 새벽
일자 돌문에 앉아 에이도록 울던 날
아저씨의 수표 세 조각
누런 방바닥에서 수줍던 그날부터
고마워서 뿌리를 내리는 바위가 되었습니다

바람이 쌓여 가고
내리던 돌부리도 벗고 싶은 짐 되던 날
예순도 못 채운 당신의 사람 풍경
삭이지 못할 가슴으로 덮었습니다

대보름날에 높은 볏짚 둥치 위로
흐리목 벌판의 달이
아직도 타고 있습니다

오늘 핀 꽃을 드리고 싶으니
꿈속이라도 들러주시면
정말 좋겠습니다

아흔넷 할머니

가슴에 얹힌 맷돌에
사랑을 곱게 갈아주신 할머니
끊어짐이 옹이 됨을 알고 떨면서도
옹이보다 단단했던 그 빚 때문에
대쪽 당신 후련하게 태우지도 못했습니다

제가 올 때 눈뜨시고
큰손자 오고 나서 눈 감은 당신
원망도 옮아서 사랑만 하시다가
겨울날 장대눈 되어
눈부시게 쌓여간 당신
꽃배에 올라앉으셨다니
기쁘게 가셔요
우리 할머니

제2부

모두가 스승이다

잡초에게

우지 말아라
모든 것을 받아들였으니
천하거나 나쁜 풀이 어디 있겠느냐
스스로를 안아주면
너도 약풀이다

갈라진 벽 틈으로 탈출하던 민들레나
거친 사막에서 자란 수염 마른 풀도
귀한 인연을 살려낼 수 있었다
세상의 기침들을 막아주는 풀이
어디 울릉도 헐떡이풀뿐이랴

모두가 스승이다

병들어 잘라 버린 꽃대 밑둥치에서
차가운 도자기를 겨울 내내 두르고 자다가
마른 껍데기 사이로 얼굴 두렵게 내민
새싹이 스승이다

칠판을 치며 가방을 둘러메고
뿌리치고 나간 학생의
힘없는 머리카락이 놓쳐버린
눈물이 스승이다

죽고 싶은 날
밥을 먹다 화들짝 놀라
숟가락 물고 떠는 입술이 스승이다
싸움으로 깊어 아프게 흐르던 하루하루마다
품에 숨은 존경에 잠 못 이루는
외로운 밤이 스승이다

얼어 터진 물방울 없이
어찌 고운 눈이 내리며
저항 못 할 고통 없는 영혼을
어찌 사랑스럽다 할 수 있겠는가

애절한 비를 맞고 굴러떨어져
풀꽃에 자리를 내준
바위가 스승이다

꼬리 치켜들고 달려들어
당신 눈 속에 박히는 흰 눈이 스승이다

피붙이 두고 돌아서지 못한 발걸음을
움켜쥐고 끌고 가던 두 팔이 스승이다

우리가 서 있는 이 자리
가슴에 걸려 아프게 나부끼는
모든 것이 스승이다

토끼풀

토끼풀을 토끼가 좋아하는 이유는
잎겨드랑이에서 태어난 꽃을
푸른 잎 위에 올려놓고
평생 동안 기다려 주기 때문이다

명강의

열린 문 사이로
눈이 맑은 어린 쥐 한 마리
교실에 들어오다
폴짝 그리고 또 폴짝
겸손하지만 두려움 없이 다가와
맨 앞 좌석 반걸음 앞에서 고개를 들고
반짝이는 눈으로 강의를 응시하다

5분은 족히 들었으니
평가하기에 충분한 시간이었을 터
혹시나 학생들에게 방해될까
아주 정중히 몸을 돌려
오던 길로 폴짝폴짝 문을 나가다

낮에 온 쥐가 미소 지었다는 소식에
밤이 늦도록 싱글벙글하다

행복을 빌어주다

잠자고 떠드는 아이들에게
창문으로 쳐들어온 옻나무 잎을 보여주었다
옻이 오르니 가까이 가지 말라고 했다
내 회초리를 맞고 떨어진 잎이
바닥에 엎드려 울었다

어느 날 새순 나는 소리에 창문을 열었다
옻나무 잎이 울던 자리에
오동의 어린 순이 안겨있었다

옻나무 어린 밑동이 오동이 되기까지
얼마나 길고 고단했을 것이며
아려오는 푸른 살을
몇 겹이나 눈을 감고 벗겨내야 했을까

선생님은 아침마다
오동나무 한 그루 기다리는 정거장에
밤새 업고 온 새벽을 내려놓고
옻나무 누명을 쓰고 움돋이로 환생한
오동의 행복을 빌어주었다

나

주어진 땅에 뿌리내리지 못하여
우뚝 서지 못한 회초리다

절벽 위에서 개미들에게
올라오라고 소리만 지르는
뒷짐 진 고사목이다

큰 사람 글씨가 서 있는 탑 아래
민들레 홀씨에 앉은
바람이다

조퇴

학생이 찾아와
집에 일찍 가야 한다고 했다
선생은 고요히 웃어주었다
돌아선 그가
웃었는지 울었는지
보지 못했다

수능(修能) 시험장

숨 낮게 고르는 나라의 들새들이
무리 지어 전투비행을 하다
적은 보이지 않았으나
표적에 둥근 포탄을 쏟아내고
흰 벌판은 검은 포탄 자국으로 가득하다
종소리에 복종하는 전쟁의 시작과 끝에서
자신의 폭탄이 꽃으로 피어나기 염원하다

펴지 못하는 가슴을 부리로 감싸고
야간전투보다도 조용한 전쟁터에서
총의 방아쇠를 움켜쥐고 날다

격려

천둥 치는 밤의 자율학습은
내일을 위한 한바탕 축제였을 뿐이니
이제는 천둥 번개 무서워 말자
시험 점수 때문에 처진 어깨는
내일의 노래를 위한 악보였을 뿐이니
너무 적막해 하지도 말자
숨어 흐르는 물결도
애타는 속내가 끝나고 나면
기대어 서러울 곳이 아쉬워진다

휘몰아진 곳을 돌아
저 바다로 가면
숨어 기댈 곳이 없느니
미움도 고통도 그리움일 뿐이다
우뚝 서서 웃어라
씩씩하게 걸어라
울음이 터지거든
시퍼렇게 울어라

너희는 분명
얼음도 업어주고
폭설도 안아주는
큰 산 되리라

딱따구리를 사랑하다

곧은 나무에 지은 교실에서
뾰족해질 수밖에 없는
당신의 부리를 사랑합니다
둥글둥글 집을 짓고
적들이 다가서면 온몸으로 지켜주는
당신의 용기를 사랑합니다
붉고 힘찬 깃털로 세운 아비의
위엄을 사랑합니다
기품 있는 자태로 환생한 어미의
우아함을 사랑합니다
지킬 것 많은 숲속에서
뜨겁게 사는 법을 가르쳐 주는
그대, 딱따구리를 사랑합니다

예봉산(銳峯山)에 오르다

가파른 땅에 서 있는 예봉산
산등에 솟은 땀을
말 잊은 바위에서 씻어 줄 때
더 휘어지는 한강의 각은
산의 엄지와 검지 사이에
머물러 깊어지다

갑작스런 산불에 떨던
갈대숲을 쓰다듬고
칼바람 능선에서 흩어지는 바람을
힘겹게 달래어 재운 후
강은 산으로 흘러
작아져 나비가 된 예봉산을
안아 주다

아파트 공사장

뜨거움이 식을 수 있는 내일이 두려워
초여름 해들이 벽을 굽는다
기중기 타고 날아가는 검붉은 철강들과
편한 세상 기다리는 사람들 눈망울과
핏줄이 되어 누운 철근들은
이제 벽들과 어울려야 한다

푸르른 느티나무 백 년이
베어져 쓰러진다 해도
라일락 십 년이 향기로울 수 있다면
푸르지요 푸르지요 노래하는 세상
그마저 길지 않다는 설움 때문에
이 공사판을 사랑할 수밖에 없다

아파하며 트는 살결 위에서라도
먼 별 부르기 위해
쑥쑥 커 오르는 아파트 뼈대에
내 어깨살을 붙여넣고

글로벌 글로벌 노래 벌린 문으로
똥 누고 가버린 새들을 부르기 위해
낮은 하늘 아래 남은 웃음들을
마구마구 쏟아내야 한다
레미콘 입에서 쏟아지는 콘크리트처럼

개처럼 내려오다

설악에도 날고 지리산까지 오르는 새라 하여
산이 좋아 산으로 가지는 않는다
봉정암 부처의 머리를 넘어 대청봉에 이르러
산에는 새 그림자만 먹고 크는
꽃이 많다는 것을 알게 되었고
나는 꽃조차 될 수 없었기에
절룩이는 다리 하나만 들고
오색계곡을 지나
개처럼 산을 내려왔다

신뢰

큰 꽃 위에 앉은 너보다는
가로 누우면 심장이 아리고
바로 누우면 허리가 버거운
너를 믿는다

돌부처의 떨어진 코에 절하기보다는
놓을 수 있을 만큼
하루를 담담하게 쥐고 가는
너를 믿는다

봄비

그까짓 눈물은 아껴서 무엇하리
지난겨울이 어미임을 아는데
눈송이의 사연을 잊었을라고
감격의 탄생
네 이름은 봄비다

형수

큰 키에 미소 고운 선생님 우리 형수
형님 만나 처음 찍은 사진에서 나와
회갑 넘긴 못에 젖은 옷을 말린다

시어머니에게 내어 준 목덜미는
구석진 응달쪽에 접어 널고
시동생 독기에 흩어진 연탄 더미 뒤로
남편의 굳은 등은 열 번 털어 널었어도
세월은 바람에 부서져 널지 못했다

지금은 뒷걸음친 사랑에 빠져
대관령 그림자에 고인 단풍을
깊어가는 형님 눈에 싣고 있는 형수

악사의 하루

새벽으로 떨어져 놀란 악사가
간밤에 찾아왔던 순백의 혼을 털다
곰 떼들 사이로 나발 부는 아침은
길가에 누운 십자가에 술 뿌리는 낮이 되고
달빛으로 지필 수 없었던 한강의 불들을
입으로 태워 올리는 저녁으로 잇다
빈 등짐을 내려놓는 하루의 곡조는
쭈그리고 기다린 아내 무릎 위에
흰 물빛 혼으로 눕다

미움의 끝

한 거지가 겨울밤에 찾아와
눈물을 달라고 떼를 쓰다

오늘도 취한 거지의 목소리에
오그라져 말린 전화줄이 떨고
프라이팬에 눌어붙는 아내 숨소리가
검댕이로 쌓여 산이 되는데
담아주는 가슴에 한 번 안겨보고 싶어 온 새를
거울에 넣고 안개로 지우다

울리지 않는 전화기 앞에서
아내는 밤새 앉아 꾸벅꾸벅 졸다

나무

나무들이 법정에 섰다
봄꽃을 보듬지 못한 죄로 여름형을 받았고
단풍을 지키지 못한 형벌로 겨울형이 내렸다
사정없는 빗줄기로 태형(笞刑)을 받고
속절없이 울어준 뻐꾸기의 간절함 때문에
석방될 수 있었다

남의 탓 못하는 본성이었으므로
급히 돌아선 꽃과 단풍을
원망하지 않았다
개고기 파는 집 마당에서
재가 되기를 기다리면서도

환생 여행

이슬 발을 스쳐갈 때
돌 채임도 그때 그 길
지리산과 토함산을
사무쳐 잇는구나
가고 또 돌아가 보니
닿은 곳은 마애존불 미소 앞이라

임의 붓끝 우에
풍경소리가 젖고
태백을 한 줄 풀어
씻김굿 마당 펼 때
바람도 약속된 길을 따라 분다고
손 저어 알려주는 무지갯빛 동강 물

어린 아들

세상을 뒤집고 남은 힘으로
한 발자국씩 신명 나게 걷다
기저귀 똥에서 크는 세월이
날마다 꽃을 낳다

도둑 비

아기 깨어 울까
벽을 타고 내리는 비
하수구 직전에서 목숨을 구하고
차바퀴에 붙어 달아나다

키 작은 소나무

흙 어울린 숲에 살아서
솔잎에 고인 향이 진하다
땅 두툼한 양지는 아니지만
혈통은 왕손이라 자세는 으뜸이다

키 큰 나무들 해가림이 있고
새끼 송충이들 제 몫을 찾는 동안
간밤 비에 벗겨진 뿌리가 아플 터인데
살랑 웃으니 송홧가루 냄새가 곱다

결혼기념일

선물 포장을 어설프게 두르다가
아들에게 들킨 날이다
혼자서 삶아 으깨어 빚은 밤알을
꿀에 발라 불쑥 입에 넣어준 날이다
미안하여 흔들리는 촛불을 끄고
축하하는 노래 가사에 숨어
허깨비춤을 춘 날이다

꿈꾸는 삼강주막

낙동강 굵은 줄기에 작은 강을 매어 두고
마지막 주막의 노래를 듣는 곳
주모 무명치마에 남은 저녁별이
황토 담장으로 들어가 누우면
다락방의 묵객 갓끈에서 풀어진
시(詩)들이 하나둘 잠꼬대를 읊는다

호롱불 귀에 솔깃하게 타오르던
보부상들 걸쭉한 야담도 끊기고
품값을 정하는 들돌이
낙동강 칠백 리길 손을 잡는 밤
회화나무가 뱃사공의 지친 옷을 깁는다
외상장부는 무쇠솥 위에 선 채로
그을린 벽에 패여 기다림으로 머물고
회룡포에 모인 별들은 강이 되어 흐른다

우리가 산다

씨앗의 젖 향기로 우리가 산다
젖을 먹고 피어난 꽃을 보며 산다
꽃향기를 먹고 익은 열매로 산다

뿌리의 젖으로 우리가 산다
젖을 먹고 자라난 숲을 보며 산다
숲의 향기를 먹으며 크는 나무에 기대어 산다

어머니의 젖으로 우리가 산다
젖 내음 고인 눈동자로 사랑을 하며 산다
젖 향기 묻은 미소로 사람을 보며 산다

길을 가고 있다

어떤 겨울에 꽃이 되어 보려고
여문 나팔꽃 씨를
흰 봉지에 담아 왔다
어떤 겨울에 우산이 되어 보려고
옹골진 토란을
흰 종이에 싸서 가져왔다
또 어떤 겨울에 푸른 싹이 되어 보려고
보리 한 줌을 빌어
하얀 채반에 누여 놓았다

뛰어가는 나팔꽃 줄기와
주먹을 펴 주는 토란대와
하늘로 발돋움하는 어린싹들을
겨울마다 바라보기만 하다가

봄이 오자
나팔꽃을 검은 봉지에 싸서 버리고
내리는 비를 맞으며 걸어가고 있다
겨울이 또 오기 전에
보리 한 줌 얻어 보려고
우산도 없이
길을 가고 있다

제3부

가을의 춤

부석사(浮石寺) 북소리

부석사 큰 북은
그리움으로 마른 가슴을
펼쳐 만든 인연으로
떠 있는 바위가 내리쳐야 소리가 난다
안양루(安養樓)에 앉으면 가슴 치는 그 소리가
먼저 띄운 자식의 뱃머리에도
선묘낭자(善妙娘子) 사랑 가득한 뜨락에도 닿았다가
연꽃산을 넘고 넘어 되돌아온다

때로는 산보다 더 푸른 소리로
아득한 봉우리를 잇고
때로는 불어오는 바람을 감아 안고서
무량수전(無量壽殿) 기둥에 기대어도 있지만
오늘은 소백연봉(小白連峯) 연잎 사이를 돌아
넓고 푸른 부석사 강물을 따라 흘러갔다

샘터로 가자

천진암 언덕 성자들의 꽃밭 아래
앉아 쉬고 있는 샘터로 가자
가서, 기뻐 흐르고 슬퍼 떨어지는
물방울을 두어 모금 떠 마셔보자
입안에 별 하나 걸러지거든
관음골을 향해 쉼 없이 걷는
물을 따라 내려가자
기쁨이 넘쳐 뛰어가지도 말고
슬픔을 용케 참아내지도 않으면서
부처의 쓰러진 목을 넘어
부러진 십자가의 못 박힌 자리까지
나뒹구는 계곡을 쓰다듬는
눈물이 되어보자

내가 오르는 산

바람이 몰아치는 날에
아는 길로만 내려간 사람들이
버리고 싶은 세월을 지고 다시 오는 것은
길목마다 내밀어 준 나무의 옷소매와
멍든 물을 숨겨준 폭포 아래 돌구멍이
마냥 그리웁기 때문이다

하산(下山)

오른 산은 하늘을 낳아
내려 뉘인 구름밭을 바라보면서도
무지개의 반쪽은 찾을 수 없음을 알고
산개구리 울음 우는 사내가 되어
썰물 버린 갯벌까지 산을 내리다

공(空)

햇빛은 겁(劫)을 옮겨 뿌려도 그 빛깔

소리도 향기도 없는 이슬들이
사랑 자리 바람 자락
미움 언덕 만남 길목
그 먼 꿈에까지 젖었다가도
솔잎 끝에 다시
타래인 채 그대로라

텅 빈 벽에 복숭아씨 싹이 트도록
밤새 무지개로 물을 주어도
벽은 말없이 서서 미소 지을 뿐

폭포 가는 길

무명 큰 둥치로 쏟아지는
폭포 속에 있다는 천 개의 눈을
아직 찾지 못했습니다
폭포에서 뻗어난
만개의 손이 있다고들 하나
아직도 보지 못하였습니다
하얀 포말 위에
맑은 눈동자 있음을 죽어라 믿고
이제껏 폭포를 바라보고 왔으나
물길만 가파른 걸 보니
애초부터 눈은 없었나 봅니다
폭포의 양손에
낮과 밤이 걸려있다 믿고서
오십 년 되돌아가 보았으나
허공 펴는 철새 부리에만
밤낮이 줄줄이 물려있는 걸 보니
손도 원래부터 없었나 봅니다

그래도 달 없는 밤
검은 목주름 일렁이는 폭포로
당신의 눈을 찾으러 갑니다
안겨 천 가닥으로 뻗어 퍼지는
손을 만나러 갑니다

폭포로 갑니다

열정

홍천강이 바쁘게 간다
깊을 만큼 깊었는데도
더 깊어야 할 곳이 있는지
물바람 뛰는 강
벌거벗은 허벅지가
울렁울렁 금세 멀어져 간다

푸르를 만큼 푸르렀고
물새 날 만큼 넓어졌어도
강섶 풀들을 모두 쥐고 흐른다

여름내 임의 소원을 풀어 보내고
칠석(七夕)까지 넘긴 지금
장마와 태풍까지 일어내고도
저리 푸르게 누구를 부르며
뛰어가는 걸, 누가 막으랴

소백산 겨울

하늘이 열리더니
잔가지에 흰 눈으로 글 쓰는 나비들이
비로봉을 향해 하얗게 오르다

가을 산

폐사지 뒷산이
절벽의 손을 잡고 단풍이 되다
종소리 무게로 크지 못한 솔포기와
골바람 따라 내려간 북소리도
색실 고운 산등성이 자락에 눕다
돌아가는 새들의 날개는
헤아리지 못할 산굽이로 점을 이루고
노을 잔가지에 산 그림자 털다
산이 따스해지고
검정 나비가 날다

남도에 가는 이유

내가 남도에 가는 이유는
유채꽃에 숨은 화석들이 바다를 걸어와
함평뜰에 나비 떼로 춤출 수 있어서
해남 갯바위에서 놓친 이름을
진도의 견공들이 지켜줄 수 있어서
지리산 거친 발을 씻어주는
섬진강에 맑고 고운 밤과
춘향이 옷고름에 앉아 쉬는
남원 들녘의 바람이 있어서
다 버리고 푸르러진 강진 하늘
청잣빛 둥근 어깨 위로
날마다 솟는 무지개가 있어서

살만한 이유

내가 이 세상에 살만한 이유는
어머니 생각에 흘린 벗님의 첫 눈물을
마주 앉아 술잔에 숨겨줄 수 있어서이다
병상에서 꿈만 꾸는 친구 아들에게
말 없는 긴 인사 나눌 수 있어서이다
나의 고막을 녹여 없앤 의사에게
그것도 내 탓이었음을 전할 수 있어서이고
아내가 내게 줄 영양제 젓는 소리를
화장실 큰 거울에게 자랑할 수 있어서이다

가을을 섬기는 이유

내가 가을을 섬기는 이유는
당단풍 붉은 등이
세상을 환하게 밝혀 주어서
들판을 굽는 햇살을 타고
배고픈 새들이 노을 끝까지 날 수 있어서
잎새와 아이들 노는 소리가 달려와
아픈 내 무릎에 앉아 주어서
사과며 홍시가 밝힌 만등(萬燈)들이
서로의 맵시를 뽐내고 있어서

꿈으로 부화하는 고등어 떼의 푸른 등이
힘차게 바다를 달릴 수 있어서

애걸하다

아내 이름이 적힌 약봉지에게 물었다
며칠이면 일어나 아침밥을 짓겠냐고
약봉지는 다 비워질 때까지
구겨진 웃음만 보이다가
아내 이름에게 허리 숙여 절하고 갔다

아내 이름을 베고 자는
약봉지를 노려보던 날
불 꺼진 거실의 거울로 애걸하러 들어갔다
옆에만 있어 달라는
그 말은 차마 하지 못했다

망월사(望月寺)에서

누각에 흰 도포 걸어놓은 남한산성
겨울 끝자락 먹빛 밤이 숲으로 번지다

탑 아래에 솟는 샘물이
불당리 우물로 내려간 뒤
미동 없는 나무들이 합장을 하고
경(經) 읽는 풍경(風磬)을 돌아
산 그림자 손을 잡고 탑으로 오르다

절룩거리는 흰 개는 토굴에 들어 묵상을 하고
잠 깬 돌계단도 성곽 따라 순라를 도는데
해우소(解憂所)에서 길 잃은 내 분신은
냄새나는 등을 깊게 굽히고
지옥 구멍으로 떠밀려 들어가다

두물머리

강물의 화동이 되어 걸어 내려왔다
은혼의 스물다섯 해를
기와가 잇는 낮은 담장에 꽃씨로 뿌리고
갈대숲에서 무리 진 참새들이
통통한 볼에 지저귐으로 흙을 덮는다
돌아보아도 길지 않은 거리
황토로만 올 수 있는 길 너머로
강이 걷는 소리가 장단 되어 돌아오고
동강 섶 풀씨를 문 남한강과
접히고 패인 곳을 따라 흘러준 북한강이
맑게 하나 되어 두물머리에 이른다

아름 안으로 빚은 길 곁에서
잎새들 따뜻한 꽃 무리를 틀고
노목(老木)이 손잡아주는 곳으로 가면
두물머리는
자꾸만 돌아보는 한강의 등을 토닥여 준다

초여름 밤 편지

방문을 조금 열어 놓아
아내의 잠자는 소리로 강을 만들고
그리워질까 한 뼘씩만 흐르게 하여
물 머리에 띄운 편지

물 위로 꺼내면 잠기는 글귀들
지우고 또 지우고
마지막 남은 한마디
사랑합니다
사랑합니다
사랑합니다

오동도의 전설

동백나무 줄기에 그리움이 남아
꺼지지 못하고 타는 꽃들이
붉은 불을 떨구고 밤이 되었단다
더 잇지 못한 땅은
동백꽃 목을 안고 울다가
시퍼렇게 바다가 되었고
파도의 부리를 잡고 꽃잎에 누운 해가
마침내 푸른 눈물을 헤치고 나와
여수가 누벼 준 꽃 포대기에서
오동도가 되었단다

아들

비 개인 날 햇빛 아래
걸어오면서 크는 소나무였고
어느 화가가 뜰에 남기고 간
물감 박스였으나

지금은
제멋대로 가는 개미의
차버리고 싶은 똥구멍이고
마음먹은 대로 맞지 않는
얄미운 골프공이며
시간이 되면 잠시 왔다가
금방 멀어져 가는 기차다

돈의 운명

세뱃돈 주는 하루만 빼고
돈은 늘 울고 다닌다

칼수제비집에서

수문을 열고 세찬 비를 놓아주던 날
한강변 무허가 비닐하우스에서 만난
먹구름 강물, 아버지

바다로 흘러야 했으나
다리 기둥에 걸려 가지 못하는 노래와
채워진 잔에 숨어 흐르는
까만 물껍질을 하나씩 건져내어
칼수제비집 의자에 송골송골 얹어놓다

주름을 숙여 그으면서
먹구름의 향기를 맡으려 애를 썼으나
마침내 무거운 물만 쏟아지다
바닥에 깔린 자갈들이
바드득 소리를 내다

새벽에 잠이 깨어

세월을 따라가는 발자국들을
맑은 색이 남아 있는 이불보에 앉아 헤아린다

눈 뜨고 보면 부딪힐 것 같아
눈을 감고 되돌아가
쉬었다 오기를 몇 차례 하고
지린 옷을 갈아입는 아버지와
하얀 머리카락이 이은 길을
커튼 틈에 흔들리는 빛으로 지운다

심장의 보폭으로 오는 며느릿감의 걸음과
서서 맺은 아침 이슬들이
여로(旅路)에서 만나 인사를 한다

계륵(鷄肋)의 호소

소주 한 잔 곁들여 잡수어보세요
술 한 잔 꺼리로는 충분합니다
안주 한 점으로 씹혀 당신의 거친 목을 넘고
부르르 떠는 위를 지나가도 되겠습니까

길 잃은 토끼가 무덤의 풀로 생명을 찾고
차가운 유리도 불이 켜지면 따뜻해진다는데
연기의 강으로 잔 띄우는 술자리에
저도 끼워주시면 안 되겠습니까

술과 함께한 순례 길에서
잔에 담긴 걱정을 덜어 줄
기회를 한 번 주시면 안 될까요

파도

넘길 때마다 푸른 먼지가
갈피 사이로 되돌아오는 바다
순간을 채우던 햇살의 수와
노을의 불씨로 밝힌 기도가
흰 포말이 엮는 끈을
잡았다 놓치고 또 잡는다

누운 가슴으로만 뒤척이며
저리도 끝없는 인연 줄을 엮고
지워지지 않는 흔적을 채워야 할 미련은
얼만큼의 기다림으로 꽃이 되련가

되돌아가며 남기는 파랑(波浪)의 노래
파도가 불쌍하여 눈물이 난다

겨울나무에게

이겨내고 살아야 해요
가지에 앉은 바람이 차가운 것은
그들이 들어야 할 말이 있다는 것이잖아요
푸른 잎에 드리운 그림자가 넘칠 때
당신이 버린 따뜻함과 넘친 사치를
바람이 보았어요
아무리 그렇다 해도
마른 어깨에 종달새가 앉을 때까지는
살아서 아름다운 세상
같이 보아야 하지 않겠어요?

무당벌레

앞에는 흰 짐 두 개를 걸고
등에는 열 한 묶음 검은 봇짐을 맨 채
길을 잃고 내게로 온 너는 어린 무당벌레였다
계단으로 이어진 벅찬 탑을 지나고
봇짐을 내리친 채찍에
긴 시간을 앉아 바람을 읽었다

어느새 가파른 화분에 오른 어린 무당벌레
높은 꽃 위에서 살고 싶다고 했다
차가운 벽 위에 꽃 화분은
차마 네가 갈 곳이 아니라 일렀지만
작두 같은 가지와 마른 꽃잎을 힘겹게 지나
작은 꽃 위에서 흐느낄 때는 이미
열린 창문이 있음을 깨달은 후였으리라

육중한 창틀에 앉아
진저리치는 날개로 인사를 고한 뒤
빨갛게 날아올라 한 점이 된 날
후련하게 꽃 부서지는 소리에
나는 기쁘게 귀가 멀었다

소요산 가을

부서진 젊음의 알갱이 수에 따라
황혼의 빛깔은 달라지는가
소요산 칼바위를 돌아나가며
붉은 해는 푸른 잎새를 깨뜨렸는가
가부좌 틀고 앉은 소나무 허공은 얼마나 깊었으며
바위틈에 끼어 빨갛게 물든 단풍에는
또 얼마나 애타는 젊은 날이 맺혀있는가

알갱이 진 가을을 가슴까지만 담가놓고
산등성 껍질을 들여다보니
낙엽 속 오그라든 세월도 온통 푸르름이다
먼 길 찾아온 누님 배웅하는 선승의
흰 고무신에 밟히는 각질 속에도
뒤틀린 무청 줄기가 가득 있었다
나는 얼마만큼의 푸르름이었나
소요산 어둠이 내 발자국을
낱낱이 살펴볼 것이다

제4부

아버지의 길

아버지의 길

꺾으려던 꽃을 숨어 살리고
덤불가지 뻗은 땅으로 난 산길에
붉어진 저녁 바람이 갈지자로 분다

앞산에서 부서진 노을은
흔들린 산길을 잡아 준 등성이와
길 틈에 끼인 맑은 숲 조각을
한 땀 한 땀 꺼내어 잇는다

내려놓으면 멀어져 섧고
돌아오지 못하면 기다림으로 크는 메아리로
세상은 술이 필요했겠지만
들장미 가시도 단단해지기 전에는
꽃을 내어주지 않는 지조 있음을 알고 있기에
아버지들의 저 길은
아름답게 휘어 굽은 쇠뿔 모양이 되었다

곧게만 뻗어 갈 수 없었던 길로
낯선 새들이 가족으로 날고
와락 와락 피어난 꽃의 소매와
그림자 저미는 계곡에서
깨지 않는 꿈들로 빈 잔 채워지려나

바위 주름

잔설 사이에서 서성이다 굳은
세월의 박음질 사이로
흐르다 멈추고 다시 흘러 빚어내는
바위의 잉태
오늘처럼 유난히 차가운 날에는
그리워하는 선으로 그어지다가
따뜻한 위로의 가사로 변하는
바위의 노래

감나무에게 쓴 편지

뒷짐 진 빛깔로는 열매 맺지 말고
가을 횃불 되어 밝혀 주시게

바람의 사연

미친 황소처럼 뛰어가거나
계곡에 굽은 등을 보인 적은 있었으나
벚꽃 잎에 숨어 쓴 사연을 안 것은
꽃잎에 내 머리가 하얗게 물들던
맑은 오후였었다

젊은 부부에게

뜨거움을 조심하라
찌개 국물이나 커피포트 말고도
상처를 남길 뜨거움은 많다
날카로움이 뜨거움마저
무찔러 없앤 후에라도
젊어 데인 흔적은
숨어있는 짐이 된다
뜨거움도 날카로움도 모르고 달려드는
어리고 어린 아기들이
스승이 되는 이유를 아는가

꽃도 짐이다

이기지 못할 만큼 꽃을 만들고
휘청거리는 유월의 덩굴장미
비 오는 날 고개를 숙이고
우는 이유는 무얼까

꽃대 안으로 돋은 가시의 날카로운 고백
꽃도 짐이다

깨달음

비를 버린 허공으로
솔잎이 푸르게 다가섰을 때
벽이 하늘을 쥐고 흔드는 소리로
낙숫물이 놀라 튀어 올랐다

연꽃이 되다

방금 식사를 하시고 나서
배가 고프시다는 아버지가
연꽃이 잠든 호수로 들어가신다

무논 둔덕에서 꽹과리 치던 손으로
밤새 연꽃을 흔들어 깨우시다가
평생 보아 왔던 며느리에게
와 주셔서 감사하다고 인사하는 낯에
환하게 웃는 연꽃이 되신다

나무 옷걸이

헐거워져서 대못이 박힐 때도
벽을 가로지른 옷걸이는 꿋꿋하였다
깡마른 결에 몇 가닥 남은 힘줄로
힘주어 못을 잡아주기도 하였다
매달린 무게가 줄어가는 오늘
옷걸이와 나는
모닥불 곁을 나란히 걷고 있다

용숙이 없다

집으로 가는 발걸음마다
용숙이 없다를 되뇌이면서
대문이 가까울수록
그 말이 두려움으로 빨라지다가
문을 열자
뿜어져 오른 그리움이 터지다

삼 년도 한참 지난 어느 날
용숙이는 거실에 앉아 있다가
나의 깡마른 빨래를 걷어주고
열린 창문으로 날아올라 갔다

당신

여름 해가 따가운 줄은 알았지만
당신의 눈에 녹아 붉게 지는 줄은 정말 몰랐소
맑게 잠겨 기다리다가 부서지는 해를
한 번 꺼내어 닦아준 일 없고
당신의 머릿결은 늘 검은 줄 알고 살아온 내가
머물 수 없었던 흰 물결을 안아본 오늘
쉴 곳 없어 벽에 박힌 못을
감싸 안고 매달린 낡은 내 양복 어깨는
너무 많은 어제의 비어있는 점으로 흩어지고 있소

스치는 미소에 순간밖에 살 수 없었던 당신의 사랑
자꾸 살아나는 꿈들과 잔잔히 흘러
돌아오지 못하는 이랑으로 갈라져 있구려

미안하오 미안하오
나의 부리가
당신의 허공을 채우는 옛 노래가 된다면
부리 없는 날까지 쪼아 가사를 쓰고
날개 없는 날까지 곡을 채우려 하오
낮았던 당신 어깨에 앉은 햇빛 나락을 물고
천상의 뜰로 날아드는 새가 되려 하오

열매의 기도

때가 되면 거두십시오
저항하거나 빈정거리지 않겠습니다
변덕스럽고 고약한 날씨 때문에
철 이른 수확이 될지라도
살아주어 기특하다고 여겨주십시오
다만
밤마다 뜰을 지켜주었던 달과
저를 믿고 반짝인 별들이
너무 슬프게 무너지지 않을 수 있을 때
그래서
조금 시간이 지나면
지나온 세월을 추억하며
밝게 웃고 반짝일 수 있을 때
아주 날랜 낫으로
싹둑 베어 데려가십시오
제발 병든 채로 오랫동안 시들어
달과 별들의 근심이 되지 않게 해 주십시오
여문 씨알이 조금 작더라도
허물 크게 없거들랑
어느 그릇에서든 노래하게 해 주십시오

시원하고 건강하며 따뜻함을 품은 씨앗이 되어
너른 밭에서 기도하게
이끌어 주십시오

사랑

참혹하게 푸르다
서럽게 깊다
소리치면 터질 것 같아
두 눈에 첩첩이 담겨 있다가
가을 하늘 되다

강물의 끝

강물의 끝이 바다라 말하지 말라
강은 더 깊게 흘러가 푸르러졌고
더 크게 일렁이어 파도가 되었을 뿐
강은 그냥 강이다

강물이 숨겨준 눈물이 얼마나 되며
부딪혀 멍든 자국이 지워지지 않는 이유를
그대는 아는가

홍도의 붉어진 조약돌 틈에서
작은 게들이 불러주는 노래가
오늘따라 깊고 푸르다

잣나무 곁에서

젖어 쉬는 나뭇잎에
아쉬움의 반만 남기고
새벽에는 떠나야지 하면서도
오래된 흙으로 빚은 청자가
성글지 못한 가마에 남아 있고
온전히 산의 품에
안겨보지 못한 바위가
생솔가지 기침에도 흔들리고 있어서
목 길어진 잣나무 곁에 오늘도 서 있다

몇 봄이면 산을 내려놓고
고운 들풀 향기 나는 강을 잡고
한 걸음씩 흘러갈 수 있을까

바다

어둠이 뒹굴어 파도가 된 밤에
그리움마저 숨어서 깊어 간다 한들
내 어이 파도를 원망할 수 있으랴
푸름을 어둠에 버리지 못한 운명만으로도
차가움은 저토록 위대하였다
끝나지 않는 뒤척임에 부딪힌
해의 걸음 소리가 들리는지
이곳저곳 갯바위가
안도의 숨을 몰아쉬고 있다

하루

하루에 하루만큼만 늙자
하루에 한 번씩은 죽자
하루만큼은 늙어야 젊은 하루가 있고
하루에 한 번은 죽어 주어야
살아있는 날들이 온다
하루를 깊이 표시하는 나무가
베어질 때 진한 향을 준단다
땅속 항아리에 머물러주는 묵은지처럼
하루를 내 모습으로 살다가 가자

운동장 소나무

아이들과 달려온 내 지평의 동쪽 발치에
솔향으로 영역 표시하는 표범들이 산다
푸른 털을 털며 30년도 넘게
내 곁을 한시도 떠나지 않았다
어둠 속에서 뻗어 흰 어깨뼈가
아침이면 날아와 누빌 듯 호위하고
눈빛은 아직도 산을 덮는다

표범들이 지켜준 이 평원에서
분필을 깎아 만든 투박한 창을 쥐고
짧은 노래를 불러온 내가 가면
지켜주던 그들은 어디로 갈까?
생각으로 감아 오른 반점들 사이로
솔방울 닮은 눈물이
후둑후둑 떨어진다

수학여행을 바라보다

소처럼 앉아
수학여행을 바라보다
기다리는 버스들에게
걸어온 길을 허물어 묻고
푸른 하늘 설레던 길가
남은 이름 한번 부르고 싶었으나
햇살은 내 손을 잡고
배롱나무 어린잎 아래
나란히 서서 바라만 보게 한다

노을의 결심

갯벌 구멍에 숨는 노을을 바라본다
바다까지 타는 빛으로 남고자 하였으나
잎새가 흰 눈에 묻힐 때까지만
나무에 묻은 새똥을 닦아주며
살겠다고 한다

귀향

경복궁 뒷산에 화석을 남기고
한강 물굽이 등 뒤로 돌아가는 물결

채석강 노을에서 부는 바람을 타고
내소사 기와 등을 넘어
순천만 갈대밭에서
두루미 날개를 닦아주며 산다

고추 따는 날

바람이 불어도 쓰러지지 말라고
허리에 매어 준 매듭이 고마웠다고
온몸 붉도록 넉살을 늘어놓는
고추들의 애교가 그렁그렁 달렸다

금빛 씨앗이 가득 찼으나
드러내면 벌레 끓을까 눈치를 보며
여름의 땅을 내치지 않은
결진 고춧대의 침묵을 쥐고
마지막 매운 호흡을 뿜어내는 날
온 세상 이렇게 뜨거운 밭이었으면 하였다

남은 고추들을 보채지 않고
망태마다 넘치는 대견함만 등에 업고 왔다
성긴 주름 반짝이는 봉당 멍석에서
꼬리 흔들며 뛰노는 잉어 같은 열매로
오후가 화려하다

가을의 인사

모래 빛나는 운동장에
가을이 내려옵니다
뜀박질하던 아이들 응원하던 바람은
화려했던 계절의 곡조로 수를 놓고
그러나 그립다 말하면
연둣빛 쪽파 오르는 계절처럼
삼십사 년 전 땅껍질이 움을 틉니다
뒤로 가는 걸음으로 오름에 올라
고요히 인사합니다
계절이여 친구들이여
건강하시라

산행 후기

넘을 때 구름을 타고 올 걸
그놈 아파할까 이고 지고 걸어왔더니
두 발에 세상이 뒤엉켜 무거워졌네
저녁 빛이 툇마루로 모이고
조각구름 하나 얼굴에 눕네

졸업앨범

배롱나무 속내가 하얗게 타들어 간 꼭대기에
붉은 꽃이 다발 되어 피었습니다
숨 가쁠 것 없이 천천히 오르면 열리는 하늘을
우리는
땀 꽃을 뚝뚝 흘리고서야 열었는지도 모릅니다
그러나 꿈처럼 꽃대를 저어
수평선을 아득히 넓힐 수 있는 까닭도
흙의 호흡을 한없이 느낄 수 있는 이유도
알몸 가지를 뻗어 서로 사랑했기 때문입니다
비 갠 뒤에 부는 바람으로 닦아놓은
꽃잎이 반짝입니다
모두를 만백일 동안 붉게 기억하면서
바래지 않는 꽃으로 피고
사랑으로만 남으렵니다

자연 친화적 서정시 세계 구축

— 김광선 시집 『그리움은 홀로 익는다』 발문

손수여(시인 · 문학박사)

사물을 바라보는 관점에 따라 그 결과는 크게 다르다. 시인의 발길, 눈길과 마음의 눈이 가 닿는 곳은 그야말로 방방곡곡이며, 그 풍경들의 안팎에 다채로운 연결고리가 달려 있을 뿐 아니라 때로는 평범하면서도 그늘지고 소외된 사람들과 그 애환의 결과 무늬들로 채워져 있다. 더구나 대부분의 시에는 향토적, 토속적 정취가 물씬한 복고 성향의 기억들과 떠도는 삶의 현실이 연계되고 있으며, 그 분위기를 고조시키는 걸쭉한 해학과 재치, 나아가 희화화에 언어 유희적 묘미가 포개지는가 하면 한결같이 짙은 연민과 휴머니티가 기저에 흐르고 있다.

우리들의 삶은 일상의 껍질로 덮여 있다. 일상이라

는 기성의 가치에 길들여져 있기 때문에 우리의 시선은 가려진 삶의 실상을 보지 못한다. 이런 일상적 삶을 주어진 대로 살아가는 사람을 하이데거는 "세인(世人)"이라 하고, 사르트르는 "한평생 잠자는 사람"이라 부르고 있다. 이와는 달리 존재의 실상을 깨닫고 본질을 보려고 애쓰는 사람을 "깨어 있는 사람"이라 할 수 있는데 일부 시인도 여기에 속한다고 할 수 있다(권기호 2010:11~29, 어문학).

김광선 시인에 대한 정보는 서울 출생으로 영문학을 전공하고 현재 고교 교사로 재직하고 있다. 그의 첫 시집 『그리움은 홀로 익는다』 작품 일백 편의 시를 정독하면서 소재나 제재의 다양성을 확보한 시어의 선택이 예사롭지 않다는 생각을 했다. 이후 알게 된 사실은 그가 「충성대문학상」 시 부문 우수상을 수상한 재원이란 것을 알게 되었다. 시인의 말에서 그는 "삶은 산다는 의미를 가질 뿐 달거나 쓰지도, 맵거나 시다는 의미가 없습니다. 어떤 삶이든 오롯이 한 글자로만 받아들입니다."고 했다. 그렇다. 시는 삶의 투영이며, 상징과 은유로써 함의, 함축미가 생명이다. 이 때문에 한 줄의 시를 두고서 그 해석은 서로 다를 수 있다. 누가 보더라도 똑같은 의미를 가진다면 시가 아닌 불편한 진실이 되고 만다.

필자는 전체의 흐름을 파악하기 위하여 원고를 두세 차례 정독한 후 지면의 한정 관계로 각 부에 서너 편씩 선정하여 이 시집의 특징과 시인의 작품 세계를 이해하는데 주안점을 두었다. 작품의 선정이나 발문에 대한 해설은 직관과 자의적일 수밖에 없고 여기에 따른 오류는 전적으로 필자의 몫이다.

1. 자연 친화적 공간 확보와 나라 사랑

벽으로 가득한 나무 궤짝 속에
겨우내 쌓여 있던 고구마 향이
구멍 난 망태 틈새로 새어 나온다

불춤 추는 화로에
한 시절 아련했던 단막극을 열고
재로 익은 고구마의 뜨거움을
훌훌 불어 삼킨다

풀 먹은 창호지에 부딪히는
다듬이질 소리에
그리움은 홀로 익는다.

—「사랑방 풍경」 전문

문명 속에 살아가는 도심을 떠나 특별히 전원주택에서 살고 있지 않는 한, 70년대쯤에나 있을 법한 잊혀진 시골의 풍경을 떠올린다. 고구마를 추수하여 가을내 지내면서 새들새들해져 "고구마 향이/ 구멍 난 망태 틈새로 새어" 나올 때쯤 "불춤 추는 화로에/ 한 시절 아련했던 단막극을 열고/ 재로 익은 고구마의 뜨거움을/ 훌훌 불어 삼키는" 행복감이 묻어난다. "나무 궤짝 속에/ 구멍 난 망태 틈새"가 그렇고 이글이글거리는 "불춤 추는 화로, 풀 먹은 창호지에 부딪히는 다듬이질 소리"가 그렇다. 그 소리에 시집 표제어인 "그리움은 홀로 익는다"고 뽑았다. 이제부터 펼쳐질 작품에 대한 기대감이 발상의 전환과 시인의 감각에 귀추가 주목되는 까닭이 여기에 있다. 비록 도심이라 하더라도 빈민들이 사는 그러나 "광주리에 달을 담아 지붕에 얹고 어깨엔 별 무리 달고 살고"는 있는 다음의 시 한 편을 보기로 하자.

이슬과 태양이 숨어 사는 곳이니
슬플 만큼은 웃지 말아 주시오
밤새도록 쫓기다가 새벽녘에 태양을 만나
뜨거운 이슬 되어 사는 중이오
광주리에 달을 담아 지붕에 얹고
어깨엔 별 무리 달고 살고는 있소만
아플 만큼은 떠들지 말아 주오
꽃구름 빛 사이로 아침 태어났다오
그런 삶이라도 보시려거든
세 식구 가끔씩 웃는
언덕보다 낮은 곳을 찾아주시오
어린 부엉이 눈을 재산인 양 품고서
바람으로 세수하며 우리가 사오

—「재개발 지역에서」 전문

위의 시「재개발 지역에서」는 제목이 갖는 '재개발'이란 속성에서도 새로움과 '새벽녘, 태양, 이슬, 달, 별'

등의 시어가 하나 같이 희망적 긍정적 이미지를 끌어내는 게 조화롭다. 어린 부엉이는 무엇을 스스로 구해내기엔 이른 새끼, 어쩐지 먹이조차 제대로 먹지 못해 야윈 부엉이 눈처럼 눈알만 굵게 뜬 어린 아기를 둔 빈민촌을 연상시킨다. 그러나 그들에게도 가족이 있고 새끼가 있어 희망적이라는 시적 화자의 의지적 표현이 매력적이다.

갈대숲 가르는 소리가
적의 발자국으로 믿었으므로
계곡의 가슴에 검고 굵은 소총을
한 다발이나 쏘았다
노루들이 오가는 길 사이로
같은 색깔의 총알들이 날아간다

암노루는 북으로 뛰고
수노루는 총알을 피해 남으로 뛰어갔다
그들이 언제 만날 것인가는
숨어 지켜본 지뢰도 알지 못한다
마주 보며 키가 큰 갈대 자리에
장대비만 밤새도록 내릴 뿐이다

—「비무장지대의 밤」 전문

김광선 시인의 소재나 주제의 다양성을 보여주는 작품 중 한 편이다. 지구촌에 허리가 잘린 국가는 안타깝게도 우리나라뿐이고 그런 나라에서 남북이 대치하고 있는 비무장지대에서 현역으로 근무를 한 사람들은

생생하게 기억될 것이다. 긴장의 끈을 늦출 수 없는 특히, 경험이 적은 초년병 보초에게는 갈대숲을 가르는 바람 소리조차도 적의 발자국으로 들렸고 그렇게 믿었다면 굵은 소총을 한 다발이나 쏘았다. 그런데 거기에 있었던 노루는 총소리에 놀라서 혼비백산으로 흩어질 수밖에 없는, 총알을 피해, 암노루는 북으로 수노루는 남으로 달아났다. 그 비무장지대를 "숨어 지켜본 지뢰도 알지 못한다"는 남북한 이산가족의 한을 그려내고 있다. 그래서 그 자리에는 밤새도록 내린 슬픔과 통한의 극치를 시적 화자는 장대비로 묘사하고 있다. 이런 점에서 「행군」, 「야경」 등도 나라 사랑에 대한 주제와 맥락을 같이 하는 것들이다.

아무것도 묻지 않고
끊임없이 묻는 그대

갈댓잎을 씻어주고
하늘을 안아주면서
돌아보지도 기다리지도 않고
오늘의 만남으로만 흘러가는 그대

허공으로 이어진 바람의 힘으로
걸어가는 그대

—「강물」 전문

위의 시, 첫 행과 둘째 행의 "아무것도 묻지 않고/

끊임없이 묻는 그대"에서 '묻지, 묻는'은 으뜸꼴이 다 같이 '묻다'이지만 흐르는 강물의 속성상 '매[埋]'와 '문[問]'의 의미로 서로 달리 쓰일 수도 있다. 이 점이 이 구절의 시맛이다. 이것은 시어만이 지닌 중의성(重義性)이다. "갈댓잎을 씻어주고 하늘을 안아주면서"는 왜, 하필이면 갈댓잎일까? 많은 식물 가운데서도 갈대는 주로 강가나 언덕에서 자생한다. 개울, 강가에 선 갈대는 강물을 먹고 함께 살아가는 이웃한 공간으로 받아들인다. 그래서 "갈댓잎을 씻어주고 위로는 하늘을 안아주면서" 흐르는 강물의 속성처럼 시간의 영속성을 "돌아보지도 기다리지도 않고" 다만 조건 없이 "갈댓잎을 씻어주고" 스쳐 가는 인연처럼 흘러가는 것, 그러면서도 "하늘을 안아주면서" 흘러가는 강물의 포용력, 자연과의 친화는 시적 화자의 시심이 '달관'의 경지에 있음을 엿볼 수 있는 시이기도 하다. 이 밖에도 「외눈박이 새」, 「딱따구리를 사랑하다」, 「토끼풀」, 「잡초에게」 등이 동식물에 대한 구체성을 띤 친화적 주제이며, 「밤새 읽은 섬진강」, 「꿈꾸는 삼강 주막」은 강물을 배경으로, 「예봉산에 오르다」, 「소요산 가을」, 「소백산 겨울」, 「가을 산」 등이 물과 산을 제재로 하고 있어 이미 시인은 '요산요수(樂山樂水)'의 경지를 즐기고 있다.

2. 가족애를 바탕으로 한 자아성찰

갇이 살아야 제맛이 난다고
온돌방 벽에서 곰팡내 풀풀 내며

볏짚을 쥐고 수다를 떠는 메주가
여럿이 모여 갈라지고 썩으면서
겨울을 나다

숯으로 옷고름 매고
붉은 고추 댕기 살짝 얹고서
웃음 가득한 장독대로 시집을 온 뒤
간장 서방과 새끼 금줄을 치고
햇빛과 바람과 한편이 되는
된장을 잉태하다

못생겨도 씩씩하던 지난날을 으깨어
살결 보드라운 햇된장을 얻고
둘째 토장, 셋째 막장, 넷째 즙장도 쑥쑥 키워내다
세상이 허허로워 늦둥이를 낳았는데
이름이, 막된장

—「메주」 전문

전통술이나 된장을 담글 때 쓰는 재료인 '누룩'이나 '메주'는 쑤어서 햇볕과 바람에 띄운다. 메주는 흰콩을 깨끗이 씻어 삶아서 찧고, 다시 한 됫박들이 분량으로 사각진 나무틀에 넣고 밟아 뭉친다. 뜨거운 온돌방에 볏짚을 깔고 메주를 위에 놓아 곰팡이가 나오게 띄운 후 바람이 잘 통하는 공간에 매달아 갈라지고 곰삭으면서 가을날 수개월간 말린다. 아마도 김 시인은 어려서부터 이런 과정을 봐왔거나 아내와 함께 경험한 적이 있는 것 같다. 그래서 그는 "같이 살아야 제맛이 난다고/ 온돌방 벽에서 곰팡내 풀풀 내며/볏짚을 쥐고 수다를 떠는 메주가/ 여럿이 모여 갈라지고 썩으면서/ 겨울을 나다"고 했다.

그런 후 설을 쇠고 말[午]날에 장을 담근다. 옹기 항아리인 장독에 적당 비율로 소금을 넣은 물에다 깨끗이 씻은 메주를 넣고 우리 할머니들로부터 전수 받은 방식엔 짚으로 꼰 새끼 금기줄에 '숯'과 '붉은 고추'를 꽂아 간물에 띄우면 햇빛과 바람과 조화를 이뤄 된장이 탄생하는 것이다. 이것을 김 시인은 "숯으로 옷고름 매고/ 붉은 고추 댕기 살짝 얹고서/ 웃음 가득한 장독대로 시집을 온 뒤/ 간장 서방과 새끼 금줄을 치고/ 햇빛과 바람과 한편이 되는/ 된장을 잉태하다"고 했다.

여기에 된장을 뜨는 절차에 따라서도 "햇된장, 토장, 막장, 즙장, 막된장"까지를 김광선 시인은 놓치지 않고 세심하게 관찰한 것이다. 인간 세상에 함께 하는 특히 한국인에게 식탁에 없어서는 안 될 것이 된장이고 간장이다. 현대화하면서 식생활도 점점 서구화의 영향을 받고 인스턴트식품이 늘어나고 있는 세태인데도 시인은 전통을 고수하고 향수를 그리는 토속적인 맛을 찾아내고 있다. 말하자면 한국 전통문화를 향수하는 시인이라 해도 지나침이 없을 듯하다. 그렇기에 이들의 생성과정을 그리는데 의인법과 활유법이 동원되고 막된장을 "세상이 허허로워 늦둥이를 낳았는데"라고 의인화했다. 같은 맥락에서 그의 시 가운데 비교적 짧은 형태의 시를 한번 보기로 하자.

그까짓 눈물은 아껴서 무엇하리
지난겨울이 어미임을 아는데
눈송이의 사연을 잊었을라고
감격의 탄생
네 이름은 봄비다

―「봄비」 전문

참혹하게 푸르다
서럽게 깊다
소리치면 터질 것 같아
두 눈에 첩첩이 담겨 있다가
가을 하늘 되다

―「사랑」 전문

서두에서 언급한 것처럼 시의 생명은 함축성에 있다. 상징과 은유 등 수사기교로 짧게 써야 한다. 이런 시각에서 볼 때 앞의 두 편의 시는 5행의 15어휘에 50자 안팎의 짧은 형태의 매력적인 시이다. "그까짓 눈물은 아껴서 무엇하리/ 지난겨울이 어미임을 아는데/ 눈송이의 사연을 잊었을라고/ 감격의 탄생/ 네 이름은 봄비다"

김광선 시인은 기쁨과 슬픔에서 나오는 '눈물'의 양면성을 겨울과 봄의 순환, 자연의 섭리를 통하여 생명력을 불어넣는 '봄비'에 자신의 감정을 이입시킨 것이다.

여기에 한 수 더 떠서 「사랑」 역시도 형식이나 내용면에서 유사한 점이 많다. 시인의 사유와 눈길의 매서

움이 극치에 이른다. 푸르름이 어찌해야 "참혹하게 푸르다"가 되고 깊이가 어째서 "서럽게 깊다"가 될까? 과장인가, 아니면 영탄인가. "소리치면 터질 것 같아/ 두 눈에 첩첩이 담겨 있다가"도 시인의 감정 이입이 첨예하여 그래서 어쩌면 먼저 보낸 임에 대한 곡진한 사랑을, 높은 것의 상징인 '하늘'도 사계 중 가장 맑고 높은 "가을 하늘"로 성스러운 사랑을 그려내고 있다.

한 거지가 겨울밤에 찾아와
눈물을 달라고 떼를 쓰다

오늘도 취한 거지의 목소리에
오그라져 말린 전화줄이 떨고
프라이팬에 눌어붙는 아내 숨소리가
검댕이로 쌓여 산이 되는데
담아주는 가슴에 한 번 안겨보고 싶어 온 새를
거울에 넣고 안개로 지우다

울리지 않는 전화기 앞에서
아내는 밤새 앉아 꾸벅꾸벅 졸다

—「미움의 끝」 전문

위의 시 「미움의 끝」은 평이하지 않은 시이다. 첫 행의 겨울밤에 찾아온 '거지'는 누구이며, "눈물을 달라고 떼를 쓰다"고 했는데 '눈물'의 의미는 무엇일까? 3행의 "오늘도 취한 거지의 목소리에/ 오그라져 말린 전화줄이 떨고/ 프라이팬에 눌어붙은 아내 숨소리가/ 검댕이로 쌓여 산이 되는데"로 보아 미루어 짐작하건데 '거지'는 남편일 수도 있고 아내와 무관한 사이는 아닐 것 같다. 이 '눈물' 또한 인간을 추스르는 감정의 상징이 아닐까. 그것은 "프라이팬에 눌어붙는 아내 숨소리가 검댕이로 쌓여 산이 되는데"를 보면 얼마나 한이 맺혀 있고 고통스러웠으면 아내 숨소리마저 검댕이가 쌓여 산이 되었을까. 여기에는 보이지 않는 자책의 의미까지 함의되어 있다. 그러나 이미 저승의 영혼도 아내를 그리워하는 시적 화자의 환생한 새에게로의 감정 이입이 절묘하다. 그런 아내가 "울리지 않는 전화기 앞에서 밤새 꾸벅꾸벅 졸고 있다"고 했지만 그 주체는 아내가 아닌 바로 시인의 자화상이고 자신을 반추하여 역설하고 있다.

방금 식사를 하시고 나서
배가 고프시다는 아버지가
연꽃이 잠든 호수로 들어가신다

무논 둔덕에서 꽹과리 치던 손으로
밤새 연꽃을 흔들어 깨우시다가
평생 보아 왔던 며느리에게
와 주셔서 감사하다고 인사하는 낮에
환하게 웃는 연꽃이 되신다

—「연꽃이 되다」 전문

연꽃은 흙탕물 속에 살아도 맑은 물로 정화시키며, 영롱한 빛으로 맑고 고운 꽃을 피운다. 심청전에서나 나올 법한 "평생을 보아왔던 며느리"의 효성과 나아가

며느리를 못 잊어 하는 아버지마저도 '연꽃'이 되시는 주객일체, 물아일체의 경지로 이끌어 이웃 환경을 정화시키는 '연꽃'에 이입시킨 시인의 시심이 인상적이다. 이 밖에도 그의 시에는 「결혼기념일」, 「사랑」, 「여동생」, 「형수」, 「아들」, 「젊은 부부에게」, 「아버지의 길」, 「아흔넷 할머니」" 등은 한결같이 가족 사랑을 진솔하게 그려내고 있다.

3. 불가적 도가적 자연으로의 서정성 확보

무명 큰 둥치로 쏟아지는
폭포 속에 있다는 천 개의 눈을
아직 찾지 못했습니다
폭포에서 뻗어난
만개의 손이 있다고들 하나
아직도 보지 못하였습니다
하얀 포말 위에
맑은 눈동자 있음을 죽어라 믿고
이제껏 폭포를 바라보고 왔으나
물길만 가파른 걸 보니
애초부터 눈은 없었나 봅니다
폭포의 양손에
낮과 밤이 걸려있다 믿고서
오십 년 되돌아가 보았으나
허공 펴는 철새 부리에만
밤낮이 줄줄이 물려있는 걸 보니
손도 원래부터 없었나 봅니다

그래도 달 없는 밤
검은 목주름 일렁이는 폭포로
당신의 눈을 찾으러 갑니다
안겨 천 가닥으로 뻗어 퍼지는
손을 만나러 갑니다

폭포로 갑니다

—「폭포 가는 길」 전문

이 시 역시도 낱말의 쓰임에 어려움은 없지만 현대시가 갖는 난해성이 있는 시이다. '폭포'는 공간적 배경을 두고 위에서 아래로 '떨어짐'을 연상시킨다. 이 시의 몇 개의 낱말이 시선을 끈다. "천 개의 눈"과 "만 개의 손"이 그렇고 "하얀 포말"과 "맑은 눈동자"는 동질적 요소, 곧 '깨끗함, 순수함'과 같은 이미지를 갖는다. 폭포의 물이 떨어지는 곳에는 깊이를 알 수 없는 매우 깊은 소(沼)가 있고 거기에는 오랜 세월을 지켜온 이무기나 용이라도 존재한다는 상상을 해 볼 수 있다. '용(龍)'이 곧 상상의 동물이 아니던가. 높은 곳에서 떨어지는 물에서 무지개 서고 낙수가 튀어 생기는 물 자락을 "만 개의 손"으로, "하얀 포말 위에 맑은 눈동자"가 있다는 믿음도 시인의 세계에서만 가능한 일이 아닐까.

그러다가 "폭포의 양손에 낮과 밤이 결려있다 믿고서 오십 년 되돌아 가보았으나" 현실로 돌아오면 "허공을 펴는, 밤낮이 물려있는 철새 부리"를 발견한다. 이상과 현실의 공존을 "달이 없는 밤 검은 목주름 일렁이는 폭포"에서도 이승과 저승의 세계를 잇는 시인의 상상력은 매우 흥미롭다. '검은 목주(목주름)'는 죽은 자의 '위폐'를 연상시킨다. 곧 이질적 이미지의 폭력적 결합이라고 한 현대시의 난해성을 지적한 말을 곱씹어보게 한다. 이런 맥락에서 볼 때 김광선의 시세계는 종교적 관점이 불가나 도가의 경지로의 확장을 생각하게 한다. 다음의 시 「공(空)」을 보기로 하자.

> 햇빛은 겁(劫)을 옮겨 뿌려도 그 빛깔
>
> 소리도 향기도 없는 이슬들이
> 사랑 자리 바람 자락
> 미움 언덕 만남 길목
> 그 먼 꿈에까지 젖었다가도
> 솔잎 끝에 다시
> 타래인 채 그대로라
>
> 텅 빈 벽에 복숭아씨 싹이 트도록
> 밤새 무지개로 물을 주어도
> 벽은 말없이 서서 미소 지을 뿐
>
> —「공(空)」 전문

위의 시 「공(空)」을 몇 번 반복해서 읽으면 '반야심경'의 묘미에 젖어 드는 느낌을 받는다. 시어의 '겁(劫), 빛깔, 소리, 향기'가 그렇고 '미움, 언덕, 만남' 등이 윤회와 인연을 뜻하는 불교 용어와 밀접한 어휘이다. '겁(劫)'은 '찰나(刹那)'와 짝말이다. 그럼에도 오랜 시간의 개념을 많은 수 '억(億)'을 결합한 '억겁'으로 표시한다.

"햇빛은 겁(劫)을 옮겨 뿌려도 그 빛깔/

소리도 향기도 없는 이슬들이/ 사랑 자리 바람 자락/ 미움 언덕 만남 길목/ 그 먼 꿈에까지 젖었다가도/ 솔잎 끝에 다시/ 타래인 채 그대로라"에서 보면 어떤 외적 요소로 아무리 변화를 시도해도 그대로이다.

이 시의 절정인 결구의 "텅 빈 벽에 복숭아씨 싹이 트도록/ 밤새 무지개로 물을 주어도/ 벽은 말없이 서서 미소 지을 뿐"은 시적 화자의 심지가 곧고 굳은 '비움의 세계'를 '복숭아씨'와 '벽'의 이미지에 이입시킨 기법이 매력적이다. 이 밖에도 사찰을 소재로 한 「망월사에서」, 「부석사 북소리」가 불교적 색채를 띠고 「내가 오르는 산」, 「하산」, 「깨달음」, 「꽃도 짐이다」 등이 같은 맥락에서 마음공부의 터전이 되고 있다. 시인의 발길, 눈길과 마음의 눈이 닿는 곳은 그야말로 종횡무진이다. 참선으로 마음을 내려놓는 하심(下心)의 길, 구도자의 경지를 만나게 된다.

소주 한 잔 곁들여 잡수어보세요
술 한 잔 꺼리로는 충분합니다
안주 한 점으로 씹혀 당신의 거친 목을 넘고
부르르 떠는 위를 지나가도 되겠습니까

길 잃은 토끼가 무덤의 풀로 생명을 찾고
차가운 유리도 불이 켜지면 따뜻해진다는데
연기의 강으로 잔 띄우는 술자리에
저도 끼워주시면 안 되겠습니까

술과 함께한 순례 길에서
잔에 담긴 걱정을 덜어 줄
기회를 한 번 주시면 안 될까요

—「계륵(鷄肋)의 호소」 전문

이 시는 시적 화자의 해학과 익살이 담긴 묘미를 맛보게 한다. 술맛을 제대로 즐기는 사람이 이 시를 찬찬히 조용히 낭독해 보면 술 생각이 절로 나고 군침이 돌게 될 것이다. 닭발도 좋고 계륵, 닭갈비면 더욱 좋다. 마치 태백이나 난고 선생을 만난 듯 기분이 좋고 어느새 주선이 된 느낌을 받으면서도 겸허한 시인 자신을 주당들에게 회자되는 계륵에 비유한 것이 개성적이다. 얼른 보기엔 속세와의 타협처럼 보이나, 갑질을 당하는 세상을 비유라도 하듯 "안주 한 점으로 씹혀 당신의 거친 목을 넘고/ 부르르 떠는 위를 지나가도 되겠습니까"라고 반어적으로 정중하게 역설하는 시인의 여유로움이 매력적이다. 이는 완곡한 역설이 아닐 수 없다.

동백나무 줄기에 그리움이 남아
꺼지지 못하고 타는 꽃들이
붉은 불을 떨구고 밤이 되었단다
더 잇지 못한 땅은
동백꽃 목을 안고 울다가
시퍼렇게 바다가 되었고
파도의 부리를 잡고 꽃잎에 누운 해가
마침내 푸른 눈물을 헤치고 나와
여수가 누벼 준 꽃 포대기에서

오동도가 되었단다

—「오동도의 전설」 전문

이 시도 시인의 기교가 수사 잔치를 벌인 듯한 느낌을 받는다. 물이 아름다운 미항의 도시 여수에 가면 동백 숲이 백미인 오동도를 만난다. 섬마다 그 특유의 전설을 갖고 있을 터, 오동도 역시 예외가 아니다 "남쪽 바다 한 섬에 돛을 달고 왔다 갔다 고기잡이 지아비/ 지아비 나간 뒤 해적에게 쫓긴 지어미 검은 파도 속에 숨었더니/ 북풍한설 몰아치던 어느 날 눈 쌓인 무덤가/ 한 송이 붉은 꽃으로 피어나고 그 정절 시누대로 돋았네요 오동섬에"(손수여, 동백꽃 2014:27). 김 시인은 또 다른 전설을 꿈꾸고 있다. 그만의 독특한 필력과 기교로 오동도를 그려내고 있다.

까뮈의 부조리 개념은 인식과 실재 사이의 괴리감에 대한 각성이다. 우리는 세계 그 자체를 인식하기보다 내게 인식되는 것들로 조합된 나만의 세계에 갇혀 살아간다. 이는 똑같은 실재를 마주하고서도 결국엔 각자의 현상으로 해석해낸다는 것이 현상학과 실존철학의 전제이기도 하다. 이점에서 보면 김광선 시인의 몇 편의 시는 부조리와의 초월적 입장에서 오히려 역설적으로 사르트르의 실존과 삶의 인식과 존재, 공유되는 까뮈의 존재의 부조리를 접목하고 통섭하는 기회가 되기도 했다.

앞서 발문을 통해서 논의한 내용을 요약해 보면 향토적, 토속적 정취가 물씬한 복고 성향의 기억들과 떠도는 삶의 현실이 연계되고 있으며, 그 분위기를 고조시키는 걸쭉한 해학과 재치, 나아가 희화화 곧 언어 유희적 묘미가 포개지는가 하면 짙은 연민과 휴머니티가 작품의 기저에 흐르고 있었다. 자연 친화적 공간 확보와 나라사랑, 가족애를 바탕으로 한 자아성찰, 그리고 불가적 도가적 자연으로의 서정성 확보 등으로 "자연 친화적 서정시 세계 구축"이라는 김광선 시인만의 독특한 집을 지을 수 있었다. 해서 김 시인의 말대로 "삶은 그 자체로 소중하고 사랑스러워, 모두가 아름답고 따뜻한" 집에서 시의 텃밭을 가꾸며 살아가고 있다.

작가는 남의 잉크를 찍어 쓰는 사람이 아니라 내 몸속의 피를 찍어 내 목소리를 낭자하게 남겨두려는 몸부림으로 내 자신을 학대하며 살아왔다. '나는 작가적 양심을 결코 포기할 생각이 없다'고 한 어느 작가의 말을 떠올리면서 발문을 통하여 검증된 작가, 김광선 시인의 치열한 삶과 영혼이 담긴 다음 시집이 또다시 기다려진다.

문학세계대표작가선 904

그리움은 홀로 익는다

김광선 시집

인쇄 1판 1쇄 2019년 11월 11일
발행 1판 1쇄 2019년 11월 18일

지 은 이 : 김광선
펴 낸 이 : 김천우
펴 낸 곳 : 도서출판 천우
등 록 : 1992. 2. 15. 제1-1307호
주 소 : 서울시 성동구 무학봉28길 6 금용빌딩 2F
전 화 : 02)2298-7661
팩 스 : 02)2298-7665
http://moonhak.wla.or.kr
E-mail : chunwo@hanmail.net

값 10,000원

ISBN 978-89-7954-785-6

이 도서의 국립중앙도서관 출판예정도서목록(CIP)은 서지정보유통지원시스템 홈페이지(http://seoji.nl.go.kr)와 국가자료공동목록시스템(http://www.nl.go.kr/kolisnet)에서 이용하실 수 있습니다. (CIP제어번호: CIP2019043915)